SYNDICAT GÉNÉRAL DU COMMERCE ET DE L'INDUSTRIE

DE TOULOUSE ET DU SUD-OUEST

CONFÉRENCE DU 31 MARS 1900

QUELQUES QUESTIONS

RELATIVES A LA

FONDATION DES SOCIÉTÉS PAR ACTIONS

PAR

M. Louis FRAISSAINGEA

Professeur à la Faculté de Droit.

TOULOUSE

IMPRIMERIE DOULADOURE-PRIVAT

39, RUE SAINT-ROME, 39

—

1900

SYNDICAT GÉNÉRAL DU COMMERCE ET DE L'INDUSTRIE

DE TOULOUSE ET DU SUD-OUEST

CONFÉRENCE DU 31 MARS 1900

QUELQUES QUESTIONS

RELATIVES A LA

FONDATION DES SOCIÉTÉS PAR ACTIONS

PAR

M. Louis FRAISSAINGEA

Professeur à la Faculté de Droit.

TOULOUSE

IMPRIMERIE DOULADOURE-PRIVAT

39, RUE SAINT-ROME, 39

—

1900

CONFÉRENCE DE M. FRAISSAINGEA

Le 31 mars 1900, M. Fraissaingea, professeur de droit commercial à l'Université de Toulouse, a bien voulu donner, dans les salons du Syndicat, une conférence sur QUELQUES QUESTIONS RELATIVES A LA FONDATION DES SOCIÉTÉS PAR ACTIONS.

Un sténographe nous ayant prêté son gracieux concours, nous avons la bonne fortune de pouvoir en donner ci-après un compte rendu *in extenso*.

Nous avons cru être agréable aux sociétaires du Syndicat en faisant paraître ce compte rendu à la suite du procès-verbal de l'assemblée générale. Les sociétaires qui étaient présents à cette conférence pourront ainsi relire avec plaisir cette causerie qu'ils ont trouvée si instructive et si intéressante, et nous nous faisons un devoir et une obligation de la faire connaître à ceux que leurs occupations ont empêché de se rendre à notre invitation du 31 mars.

Avaient pris place au bureau :

MM. Emmanuel Bourgeat, président du Syndicat;
   Dormand, premier président de la Cour d'appel;
   Demartial, procureur général de la Cour d'appel;
   Girard, président du Tribunal de commerce;
   Sirven, ancien maire de Toulouse, ancien président du Tribunal de commerce, membre de la Chambre de commerce;
   Dubois, ancien président du Tribunal de commerce, membre de la Chambre de commerce.

Assistaient à la réunion : plusieurs membres de la Cour d'appel, du Tribunal civil et du Barreau, de très nombreux

professeurs de la Faculté de droit et des autres Facultés,
ainsi que presque tous les membres de la Chambre de Com-
bre de Commerce et du Tribunal de Commerce, M. Cassan,
président du Conseil des Prud'hommes, et plusieurs de ses
collègues et les notabilités commerciales de notre cité.

M. Bourgeat présente M. Fraissaingea et lui donne la
parole.

MESSIEURS,

« J'ai accepté de donner une conférence aux commerçants
de Toulouse pour une double raison. L'une, c'est qu'il
m'aurait fallu faire violence à mes sentiments intimes pour
repousser la demande qui m'a été adressée depuis si longtemps par deux des représentants du commerce toulousain
les plus honorés, puisque votre confiance a fait du premier
le président sympathique et toujours souriant de votre Syndicat général, et qu'elle a placé le second à la tête de votre
Tribunal consulaire, pour y continuer des traditions de
travail, de conscience et de dévouement, inaugurées par des
devanciers dont les noms sont ici sur toutes les lèvres, et
qui seront enrichies encore par les fécondes initiatives d'un
talent plein de promesses.

« L'autre raison qui a dicté mon acceptation, c'est que le
professeur de droit commercial de votre Université est
heureux d'être parmi vous. J'ai eu l'occasion de vous le
dire une fois déjà à l'issue d'un de ces banquets annuels, où
vous avez la bonne grâce de me convier, et je le répète
aujourd'hui. Notre intérêt mutuel est, non pas de vivre
séparés, mais de nous rapprocher, pour établir l'étroite
union des connaissances théoriques et pratiques. Cette
vérité a été si bien comprise par les grands industriels
d'Allemagne, qu'ils organisent dans leurs usines un local
spécialement réservé aux expériences scientifiques de leurs

savants, et qui pourra dire dans quelle mesure les découvertes de tous les ordres, dont ils ont ainsi bénéficié, ont
favorisé l'essor commercial si rapide de nos voisins. Pourquoi, chez nous aussi, ne pas développer de plus en plus les
rapports entre les hommes de théorie et les hommes de pratique? Leur collaboration doit former une alliance légitime
qui ne saurait éveiller aucune inquiétude, puisqu'elle n'est
dirigée contre personne, une alliance durable à la différence
de celles qui naissent des besoins passagers d'un jour.

« Et il me semble vraiment qu'il est facile de la cimen-
ter quand, au milieu de vous, ayant si volontiers répondu
à l'appel de votre Comité, — et je les en remercie en votre
nom, — quand j'aperçois, avec les chefs éminents de notre
Cour d'appel et de son Parquet général, tant de membres de
la magistrature, de l'enseignement supérieur et du barreau,
dont la présence m'est précieuse à plusieurs titres, mais
surtout parce qu'elle est à mes yeux un vivant témoignage
et la preuve tangible de la possibilité d'un plus complet rap-
prochement entre les diverses professions.

« Telles sont les deux raisons qui m'ont conduit vers vous
sans me laisser la liberté de réfléchir ou d'hésiter. Peut-être
ai-je commis une imprudence! Les questions de législation
sont d'aspect sévère : on m'a dit qu'elles risquaient de vous
mettre en fuite. Et comme dans notre France l'art de plai-
santer ne perd jamais ses droits, on m'a exprimé la crainte
que ma conférence, ressemblant à un article de revue, ne
fût aussi sérieuse et grave que le visage d'un député dans
la période qui précède sa réélection.

« J'ai répondu, dans le même style, n'avoir jamais eu
l'intention de rendre notre réunion de ce soir réjouissante et
gaie comme un Conseil de ministres assemblé pour la première fois, au matin des décrets de nomination. Elle ne
rappellera pas davantage une récente séance de l'Académie
française, et vous ne me verrez pas, transfiguré par l'habit

vert tout neuf de M. Lavedan, prendre prétexte de mon sujet, comme d'un éloge du regretté Meilhac, pour détailler devant vous avec complaisance ce qu'on a dénommé « le couplet à la petite femme de Paris », ou pour évoquer à votre intention le tableau plutôt folâtre d'un salon de modiste installé dans l'appartement qu'occupa jadis l'auteur de la *Belle Hélène* et de la *Petite Marquise*.

« Je préférerais suivre — oh! de très loin et avec la profonde différence de situation et de talent qui maintient entre nous une si grande distance — l'exemple de M. Paul Deschanel qui, sous la même coupole célèbre, a voulu tenir quelques jours plus tard un autre langage et faire revivre dignement la physionomie de son prédécesseur dans une belle page d'histoire. Il a eu, lui aussi, le 18 mars dernier, l'occasion de s'adresser à un Syndicat du commerce et de l'industrie, celui de Paris, dont il présidait une séance de distribution de récompenses et ses paroles n'ont pas eu pour but principal d'amuser ses auditeurs mais d'éveiller en eux des réflexions et de les faire penser. C'est dans le même esprit que j'ai cru pouvoir, à mon tour, entretenir le *Syndicat général du Commerce et de l'Industrie de Toulouse* de « QUELQUES QUESTIONS RELATIVES A LA FONDATION DES SOCIÉTÉS PAR ACTIONS. »

« Ces questions m'ont paru dignes de retenir un instant votre attention à cause de leur *actualité* et de leur *importance*. Elles sont à l'ordre du jour et constitueront, sous des formes diverses, l'un des principaux objets de la discussion au *Congrès international des Sociétés par actions* qui s'ouvrira à Paris dans un des palais de l'Exposition, le 8 juin prochain.

« Leur actualité s'explique par leur importance : elles se posent chaque jour avec plus d'urgence, à raison du développement continu, toujours plus grand, des Sociétés par actions. Ces Sociétés, surtout dans la forme anonyme, sont nécessaires à la vie moderne. Pour les gigantesques entreprises de notre époque, il faut des capitaux considérables; il faut aussi la certitude d'une existence prolongée. Partout où ne suffiraient pas la fortune et la vie d'un homme, les Sociétés par actions interviennent, avec la double puissance de leurs capitaux et de leur durée indéfinie, et mènent à bien les œuvres de longue haleine.

« Elles se multiplient, non seulement par des créations nouvelles, mais encore — ce qui prouve à quel point elles sont entrées dans nos mœurs — par des transformations d'œuvres anciennes qui, après avoir prospéré sous la direction d'un individu ou d'une société de personnes, deviennent soudain des entreprises anonymes ou des commandites par actions.

« Ce mouvement se manifeste par toute la France, mais il n'est pas spécial à notre pays : il est permis de l'observer partout, et avec plus de force en des pays neufs, comme l'Amérique du Nord où le capital des Sociétés par actions s'élève dans une proportion constante et même inquiétante, depuis que les *trusts* ou syndicats d'accaparement menacent de monopoliser toutes les branches du commerce et de l'industrie. Les grands fabricants de papier ou d'acier, par exemple, se coalisent et « rachètent » leurs concurrents. Ainsi, au début de janvier 1899, le syndicat du fer-blanc a pu réunir dans un seul *trust* un capital de deux cent cinquante millions avec deux cent quatre-vingt-cinq usines et trente-neuf Sociétés dont l'apport variait de deux à trente usines. Les rivaux de la veille deviennent des confédérés qui ont entre les mains dans toute l'Amérique la production d'un article ou d'une spécialité. Plus de concurrence! Ils règlent les prix à leur gré : l'excès de liberté aboutit au monopole. Si ce bel élan n'est pas arrêté, c'est une révolution économique en perspective, sans compter une révolution sociale et politique. Aussi la *guerre aux trusts* est l'une des platesformes électorales du futur candidat démocrate M. Bryan, qui fut déjà, aux dernières élections présidentielles, l'adversaire de M. Mac-Kinley. Mais ces grands Syndicats ont la vie dure, d'autant mieux que la question se complique de difficultés constitutionnelles à raison de l'autonomie et des privilèges particuliers des Etats. On calculait, au 15 mars 1899, que le capital des *trusts* américains ne montait pas à moins de vingt milliards et, depuis cette date, de nouvelles coalitions se sont formées par douzaines.

« Ces constatations sont éloquentes : elles démontrent la force du courant qui nous entraîne vers les Sociétés par actions. Vivre au milieu d'elles est une nécessité de notre temps, et nul aujourd'hui ne songerait à demander un retour à la législation de la Convention qui, par deux lois du 24 août 1793 et du 15 avril 1794, en avait ordonné la suppression. Ce serait un singulier moyen de mettre fin aux abus dont elles sont parfois l'occasion, et vraiment le remède serait pire que le mal. Dieu nous garde d'une telle médecine législative! C'est pourtant celle qui avait été proposée au législateur de 1838; mais elle fut jugée par trop violente et la conséquence fut l'ajournement de toute réforme. Il n'en a plus été question depuis lors, et l'une des grandes préoccupations du rapporteur d'un projet soumis au Sénat en 1884, dont je parlerai bientôt, était de se défendre contre le reproche de rendre trop difficile le « fonctionnement de cette admirable machine qui s'appelle la Société..... et de vouloir briser ce magnifique instrument qui s'appelle l'action. »

« Toutefois, puisque les Sociétés par actions ne sauraient disparaitre et qu'elles croissent si bien, à la différence de la population de la France, il est sage de chercher à éviter ou atténuer les dangers qu'elles présentent et ainsi se pose une question capitale :

COMMENT PROTÉGER LE PUBLIC DANS LA FONDATION DES SOCIÉTÉS PAR ACTIONS ?

« En ne faisant rien, répondent quelques publicistes. Pour ces esprits dont l'optimisme rappelle celui du docteur Tant-Mieux, toute intervention législative est mauvaise. Ils disent : la liberté est respectable jusque dans ses abus ; — la loi d'ailleurs serait impuissante à les réprimer ; — les actionnaires sont majeurs, pourquoi les tenir en tutelle ?

« Y a-t-il lieu de réfuter ces idées? On a beau les revêtir d'un style captivant, l'expérience demeure plus forte que tous les raisonnements spécieux, et elle prouve que, dans l'état actuel des mœurs et de l'éducation sociale, les actionnaires n'ont que trop besoin d'une réglementation légale pour déjouer les fraudes dont ils sont innocemment les victimes.

« Jérôme Paturot, *à la recherche d'une position sociale*, s'étonnait déjà, il y a un demi-siècle, des buts extraordinaires poursuivis par certaines Sociétés de son temps. S'il pouvait revenir passer une journée parmi nous, il éprouverait bien d'autres stupéfactions. On finira par mettre en actions notre obélisque toulousain, la *Colonne* ! N'avez-vous pas entendu parler d'une Société formée en vue d'exploiter le trésor de Crésus? Le trésor qu'il s'agissait d'exploiter dans l'affaire n'était pas celui de Crésus, mais un trésor de crédulité, de l'insondable crédulité publique.

« Combien de Sociétés restées tristement célèbres qui ont constitué de vastes escroqueries et dont les annales judiciaires ont conservé le souvenir! Que serait-ce donc si le législateur se désintéressait de la question?

« Le régime de la liberté absolue a été expérimenté. Ce

2

fut celui du Directoire, au moment du rétablissement des Sociétés par actions. Il fut maintenu par notre Code de commerce de 1807, du moins pour les commandites par actions. Il produisit des résultats désastreux et fut la source de scandales retentissants. Avec un tel régime, l'épargne publique, après avoir été aveuglément confiante, deviendrait aveuglément méfiante, sauf vis-à-vis de quelques valeurs de tout repos, et à force d'être grugée ressemblerait tout à fait à l'huitre, qui, au premier danger, fût-il imaginaire, referme sa coquille.

« Je crois donc à la nécessité d'une réglementation légale. Mais alors se pose un autre problème :

QUEL EST LE MEILLEUR RÉGIME SPÉCIAL AUX SOCIÉTÉS PAR ACTIONS ?

« Je raisonne en vue du principe de liberté qui est à la base de notre législation. Jusqu'à 1867, la fondation d'une Société anonyme était subordonnée à l'autorisation du gouvernement. Cette autorisation suppléait à tout régime spécial, puisqu'elle n'était accordée que si les statuts paraissaient sauvegarder tous les intérêts. Il ne semble pas qu'on puisse songer à revenir aujourd'hui à ce système qui a rendu des services autrefois, mais dont notre législateur paraît s'être éloigné définitivement. Mon point de départ est donc qu'une Société par actions se fonde librement, mais ce principe de liberté doit être mitigé par certaines garanties destinées à protéger le public. Quelles seront ces garanties ?

« Un bon régime doit s'inspirer de deux idées essentielles : 1° favoriser la création des Sociétés en écartant les obstacles inutiles, en ne décourageant pas l'initiative des fondateurs; 2° protéger cependant les intérêts du public contre les excès ou les abus de l'agiotage.

« Concilier ces deux idées, telle est la difficulté. A-t-elle été suffisamment résolue par les lois du 24 juillet 1867 et du 1er août 1893, qui constituent actuellement notre législation des Sociétés par actions? Certainement non, et il n'y a pas lieu d'en être surpris. On n'atteint pas du premier coup à la perfection. Or, la loi de 1867 a été la première tentative de réglementation générale des deux espèces de Sociétés par actions, et elle n'a été revisée en 1893 que sur quelques points, à la suite d'un mouvement d'opinion engendré par les difficultés du Panama, au moyen d'une de ces lois hâtives dont les fins de législature font récolter à la France élec-torale uue folle moisson.

« Ma conviction raisonnée, et c'est un peu celle de tout le monde, est que le régime des Sociétés par actions devrait être revu dans son ensemble. Pour vous la faire partager, je désire insister principalement :

« 1° *Sur la souscription des actions ;*
« 2° *Sur les avantages réservés aux fondateurs.*

« Ma démonstration ne prétend pas être complète ; je reconnais qu'elle aurait pu s'appuyer sur bien d'autres questions également importantes, et notamment mettre en vive lumière le silence de nos lois sur deux points, à chacun desquels le projet sénatorial de 1884 consacrait un titre particulier : le régime des Sociétés étrangères en France et la matière si pratique des *Obligations* parfois offertes au public sous les aspects les plus inattendus[1].

---

1. Un exemple en a été fourni en Angleterre à propos d'un curieux procès en revendication du duché-pairie et du majorat de Portland, intenté par Mme Druce, dont la prétention était d'avoir épousé sous le nom de Druce le cinquième duc de Portland. Mme Druce ayant épuisé la majeure partie de ses ressources dans les formalités préliminaires, encore séparée par une procédure longue et coûteuse du succès final qu'elle croyait certain, a eu l'idée de faire appel au public et d'emprunter deux millions et demi de francs sous forme de vingt

« J'admettrai le reproche de n'avoir pas tout dit dans là bouche de ceux d'entre vous qui tout à l'heure m'auront trouvé trop bref. Je m'étais bercé de l'espoir de traiter le sujet en son entier; mais alors s'est dressée devant moi une montagne d'idées. Si j'avais persisté à vous la faire gravir à ma suite, notre entretien aurait duré plus longtemps que la première représentation de *l'Aiglon*, qui s'est poursuivie naguère au théâtre Sarah-Bernhardt, de huit heures du soir à deux heures du matin ; M. Edmond Rostand en est encore malade. C'eût été peut-être dépasser la mesure, ou du moins risquer d'inquiéter vos familles. Voilà pourquoi j'ai préféré limiter ma démonstration à l'examen de deux points dont le premier est la souscription des actions.

mille obligations de cinq livres sterling (125 francs) dont le texte était ainsi conçu :

« Il est fait savoir à tous par ces présentes qu'Annie-Maria Druce, domiciliée à X..., dans la cité de Londres, se reconnaît débitrice envers X..., domicilié à N..., de la somme de cinq livres sterling versée en monnaie légale de Grande-Bretagne; ladite somme devant être remboursée au prêteur ou à ses héritiers ou à ses solicitors dans la forme stipulée ci-dessous, soit par Annie-Maria Druce, soit, dans le cas où elle viendrait à mourir, par ses héritiers ou exécuteurs testamentaires.

« Attendu que la susnommée Annie-Maria Druce est la veuve de Charles-Tumas Druce, de Baker street, connu, d'autre part, comme étant le cinquième duc de Portland, et qu'elle est en possession de titres bons et véridiques pour revendiquer, tant à son profit qu'au profit de son fils Sidney-George Druce, les biens du duché de Portland ;

« Attendu que la démonstration de ses droits devant la Chambre des lords est dès aujourd'hui assurée tant par des documents authentiques que par les témoignages de personnes appartenant à l'aristocratie, et que l'emprunt ci-dessus consenti et accepté a pour objet d'aider Annie-Maria Druce dans cette démonstration ;

« Ladite Annie-Maria Druce s'engage à rembourser au prêteur susdésigné ou au porteur du présent titre la somme de dix livres sterling (250 francs).

« Délivré à Londres, le..... du mois de..... de l'an du Seigneur 1898, en présence du solicitor X..... »

I. — La souscription des actions.

« Parmi les conditions auxquelles et subordonnée la fondation d'une Société, il en est trois qui se réfèrent au capital :

« 1° Ce capital doit être divisé en actions dont le chiffre minimum est normalement 100 francs, et exceptionnellement 25 francs ;

« 2° Chaque action doit trouver un souscripteur;

« 3° Sur chacune doit être réalisé un versement légal qui est, suivant les cas, de 25 francs ou du quart de l'action.

« La loi fait donc une allusion à la souscription des actions pour dire qu'elle doit être intégrale, mais elle reste muette sur les conditions de forme de la souscription.

« Les Sociétés par actions naissent en associant des personnes presque toujours étrangères les unes aux autres. Comment établir entre ces inconnus un lien social ? Comment aussi leur faire connaître les conditions de leur groupement?

« Pour atteindre ce double résultat, il faut supposer la réunion de deux conditions *de fait* indispensables. La première est l'existence d'un ou de plusieurs fondateurs qui prennent sur eux d'édifier une Société et de lui recruter des souscripteurs. Je n'en dis rien pour l'instant, parce que j'aurai l'occasion, en m'expliquant sur les avantages réservés aux fondateurs, de montrer comment la loi ne s'est pas plus occupée de cette première condition de fait, que de la seconde, c'est-à-dire de la confection des statuts.

« Comment s'adresser au public sans lui présenter un projet complet de Société ? Il faut que les souscriptions aient une base : cette base, c'est un projet de statuts, préparé et signé par les fondateurs. La signature des actionnaires n'est pas nécessaire, parce que le seul fait de souscrire emporte adhésion de plein droit aux statuts. La seule signature

qui soit exigée d'eux est apposée sur le « bulletin de sous
cription .»

« L'antériorité de la confection des statuts est indispen-
sable pour obtenir des souscriptions ; mais c'est une nécessité *de fait*, et non *de droit*. Le législateur aurait pu exiger
que le pacte social fût d'abord dressé, que les souscriptions
fussent recueillies ensuite. Il ne l'a pas fait, et la loi ne
signale la rédaction d'un titre de Société qu'après les souscriptions et les versements.

« Le bulletin de souscription n'est pas devantage une
nécessité légale. Il n'intervient qu'au profit des fondateurs,
pour éviter toute contestation sur l'engagement du souscripteur vis-à-vis de la Société. Aussi, dans la pratique, n'est-
il même pas rédigé en double, parce qu'un exemplaire unique suffit au but que poursuivent les fondateurs.

« Cette absence de réglementation n'est pas sans inconvénient.

« D'abord, les fondateurs seraient dans la légalité en
recueillant des souscriptions sur un projet de pacte social non
signé, ou grossièrement ébauché, et même, en dehors de toute
rédaction écrite, sur un simple exposé oral des futurs statuts.
Qui garantit dès lors aux souscripteurs que les fondateurs
ne retoucheront pas les conditions du groupement social
de leur propre autorité, postérieurement aux souscriptions?
Les statuts ne deviennent définitifs que lorsqu'ils ont été
déposés dans les minutes d'un notaire, et ce dépôt n'est obli-
gatoire que lorsqu'il y a eu déjà souscription intégrale du
capital social et réalisation du versement légal. Jusqu'alors
les fondateurs conservent le pouvoir en fait, — et même en
droit, sous réserve du contrôle des assemblées constitutives,
— de modifier leur projet.

« Ensuite, et par-dessus tout, en supposant que les statuts aient été régulièrement établis, on n'en révèle au public
que ce qu'on veut bien lui faire connaître. On lance l'affaire

en mettant en œuvre les ressources infinies d'une réclame que ne gênent pas toujours les scrupules : ainsi sévissent les prospectus ou circulaires à rédaction savamment dosée, et s'étalent des affiches trompeuses parce qu'elles sont tronquées à plaisir et ne disent que des demi-vérités.

« Il y a donc dans notre loi une lacune regrettable. Je la reproche d'autant plus vivement à notre législateur qu'elle ne se retrouve dans aucune législation étrangère récente, à l'exception du Code de commerce espagnol de 1886. Partout autour de nous, les Codes des pays où fleurit le commerce formulent des règles sur la souscription des actions. Elles se rattachent presque toutes à l'une des deux idées suivantes :

1° Rédaction préalable du pacte social avec publication antérieure à la souscription ;

2° Rédaction d'un bulletin de souscription contenant des mentions essentielles avant la signature du souscripteur.

« Ces deux mesures protectrices ont été adoptées par l'Allemagne, la Belgique, le Portugal, l'Italie...

« En France, n'existe aucune de ces garanties, et cette lacune est d'autant plus étrange qu'il est question de la combler depuis bientôt vingt ans. A la suite de ce qu'on a dénommé le krach de l'Union générale, en 1881, une Commission chargée de préparer la réforme de nos lois sur les Sociétés par actions fut nommée par le Ministre de la Justice d'alors, M. Humbert, dont le souvenir est encore vivant à Toulouse parmi ses anciens élèves de la Faculté de droit et parmi les électeurs de la Haute-Garonne, qu'il représenta longtemps au Sénat. Cette Commission procéda à une revision d'ensemble, et le compte rendu de ses travaux a été rédigé par son secrétaire, un autre Toulousain, M. Louis Arnault, mon regretté collègue à la Faculté de droit, ancien député du Tarn-et-Garonne. C'est de là qu'est sorti le projet de 1884 auquel j'ai fait allusion deux fois déjà. Il fut adopté par le Sénat en première délibération du 28 octobre au

1ᵉʳ novembre et en deuxième délibération du 19 au 30 novembre. Son article 4 renfermait précisément les garanties qui nous manquent toujours : « Tout bulletin de souscription d'une Société doit contenir :

« 1° L'indication sommaire de l'objet de la Société;

« 2° Le montant du capital social;

« 3° La partie du capital social représentée par des apports en nature;

« 4° La partie du capital à réaliser en espèces;

« 5° Les avantages particuliers réservés aux fondateurs ou à toute autre personne (ces derniers mots ajoutés à la deuxième délibération);

« 6° La date de la publication du projet d'acte de Société au *Recueil des Sociétés*.

« Les affiches, prospectus, insertions dans les journaux, circulaires, doivent contenir les mêmes énonciations.

« L'omission totale ou partielle des indications prescrites par le présent article donne lieu à une responsabilité civile ou pénale, soit contre les auteurs de cette omission, soit contre ceux qui leur auront sciemment prêté leur concours. Cette responsabilité est limitée à une année à partir de la publication de l'acte constitutif. »

Le projet sénatorial de 1884 ne s'en tenait pas là. Il prévoyait une situation dont l'examen s'impose de plus en plus, parce qu'elle devient chaque jour plus fréquente. La fondation des Sociétés par actions n'a pas toujours lieu en faisant appel au public. Il arrive souvent que des fondateurs, au nombre minimum de sept, souscrivent le capital social tout entier, et forment la Société entre eux. C'est ce que l'Allemagne appelle la fondation de la Société par souscriptions simultanées, par opposition à la fondation par souscriptions successives, et elle a tracé des règles différentes pour chacun de ces cas.

« L'emploi de ce procédé est certainement régulier: Il ne présente aucun inconvénient quand les fondateurs ont le désir de rester les actionnaires de la Société, d'en assurer dans l'avenir la prospérité et de gagner sur les bénéfices sociaux.

« Mais la pensée des fondateurs de la Société n'est pas toujours de conserver les actions qu'ils ont souscrites ; ce sont souvent des financiers dont l'unique but est de les revendre bien vite à un cours plus élevé. Peu leur importe la prospérité de l'exploitation sociale *dans l'avenir*, pourvu qu'ils réussissent *dans le présent* à placer les titres et à gagner la *prime*.

« Dans leurs tentatives de vente à la hausse par tous les moyens, ils font courir au public des dangers analogues à ceux que présente la souscription des actions d'une société en formation. Pour les éviter, l'article 44 du projet sénatorial de 1884 assujettissait l'introduction de ces actions sur le marché — au moins par ventes publiques non ordonnées par la justice — aux mêmes conditions que la souscription des actions d'une Société en formation. En un mot, les formalités exigées par la refonte de 1884 étaient les mêmes pour tout bulletin, sans distinguer entre le bulletin de souscription des actions d'une Société en voie de constitution et le bulletin d'achat des actions d'une Société déjà constituée entre ses fondateurs.

« Pourquoi le projet de réforme, si bien accueilli au Sénat, n'a-t-il pas été transformé en loi par un vote conforme de la Chambre des députés ! Peut-être M. Waldeck-Rousseau, Ministre de l'Intérieur en 1884, pourrait-il user de la part d'influence qu'il ne peut manquer d'avoir conservée, selon toute vraisemblance, sur le Ministre de l'Intérieur d'aujourd'hui pour amener un nouvel examen de la question.

« Tout effort dans ce sens rencontrerait un défenseur convaincu en M. Fleury-Ravarin, député de Lyon, qui avait

déposé sur ce point, dans la précédente législature, le
30 novembre 1897, une proposition de loi dont le but était
de reproduire les articles 4 et 44 du projet de 1884, en les
complétant par des dispositions applicables aux Sociétés
étrangères.

« La réforme est mûre ; il est urgent de mettre les inté-
ressés en mesure d'obtenir tous les renseignements de nature
à les éclairer sur l'objet de la Société, sur le capital social,
et aussi sur les avantages réservés aux fondateurs : c'est la
seconde question dont je vous ai annoncé l'examen.

II. — Avantages réservés aux fondateurs des Sociétés par actions.

« Que les fondateurs aient droit à certains avantages, ce
n'est pas contestable. Sans eux serait impossible la création
des Sociétés par actions, puisque l'une des deux conditions
de fait essentielles déjà signalées est l'existence d'un ou de
plusieurs fondateurs. Il est temps de caractériser leur rôle ;
je le résume par trois idées : concours personnel, concours
pécuniaire, chances de perte et de responsabilité.

« *a) Concours personnel* pour les études préalables, les
expériences, les démarches, pour tous les travaux préliminaires.

« *b)* Ce n'est pas tout ; pour faire face aux frais d'orga-
nisation, ils doivent réaliser des avances d'argent : toutes les
dépenses retombent sur eux, si bien que leur concours personnel doit être doublé d'un *concours pécuniaire.*

« *c)* Ajoutez enfin les *chances de perte et de responsabilité*, et le tableau sera complet.

« Leur responsabilité est engagée quand la Société après
avoir été définitivement constituée, vient à être annulée :
elle n'a pas cessé d'être particulièrement lourde, malgré
l'atténuation dont elle a été l'objet en 1893.

« Les chances de perte se réalisent, à raison des frais exposés, même quand la Société n'a pu se constituer. Les fondateurs cherchent parfois à y échapper en stipulant que « si le projet échoue, les versements ne seront restitués que déduction faite des frais de constitution légitimes et justifiés. » Ou encore ils traitent avec un financier qui, moyennant une commission, se charge à forfait des dépenses inséparables de l'émission des actions ; nous en avons un exemple récent. En octobre 1899, a été tentée la création d'un « Syndicat national du Crédit agricole » : on demandait au public quarante millions, en vue de faciliter le développement de l'agriculture par la mutualité, l'épargne et le crédit. Cette tentative a lamentablement échoué ; elle donnera lieu à l'une de ces innombrables interpellations qui ont été ajournées après le vote du budget et dont la discussion se poursuit maintenant à la Chambre des députés. Les frais de l'émission manquée ont atteint 600,000 francs. Ils auraient dû être supportés par les fondateurs, sans une convention signée par eux avec le directeur de la Banque française d'émission, M. Boulaine. Ce dernier s'était chargé de toutes les dépenses moyennant une commission de 15 % sur les quarante millions, soit environ six millions, et c'est lui qui a rendu plus éclatant l'insuccès de l'affaire en engageant contre les fondateurs un procès dont la solution est pendante devant le Tribunal de commerce de la Seine.

« En échange de leurs services, les fondateurs ont droit à une rémunération. Sous quelle forme leur est-elle accordée ?

« Sans m'inquiéter des modes possibles de rémunération, je dis sur-le-champ que, dans l'usage, elle est fournie par la réserve au profit des fondateurs de certains droits dans la Société.

« Quels droits ?

« Leur nature a varié suivant les époques : ils ont été

représentés autrefois par des actions de prime, ils le sont aujourd'hui par des parts de fondateur. Des actions de prime, à cause de l'heure qui s'avance, je ne dirai rien. C'est d'ailleurs le passé : je préfère vous entretenir du présent, c'est-à-dire des parts de fondateur.

. « La part de fondateur ou part bénéficiaire est une des nouveautés de notre époque ; on la rencontre presque en toute Société anonyme qui se crée. En vertu d'une clause courante des statuts, elle se caractérise par deux idées :

1° Pas de droits sur le capital social et sur la gestion de la Société. (Conséquence : pas de droit d'entrée aux assemblées générales);

2° Des droits sur les bénéfices sociaux, par exemple 10 ou 20 % des bénéfices nets.

« Tel est l'aspect général de la part de fondateur. Elle est née uniquement de la pratique des affaires. Elle est le produit de l'intensité de vie industrielle et financière qui date de ce siècle, le fruit d'un état social sans précédent, si bien que la nouveauté de la situation, en présence du silence absolu de nos lois, soulève de nombreuses difficultés juridiques. Vous m'en voudriez de vous les énumérer ; il me suffira de vous dire d'abord les règles que la jurisprudence applique aux parts de fondateur, en vue de vous faire comprendre ensuite leur évolution économique et de vous montrer les motifs de leur extraordinaire développement.

1. — Règles applicables aux parts de fondateur.

« Toute la question est de savoir si la part de fondateur est ou n'est pas une action, et si elle doit être soumise aux règles d'émission et de circulation des actions.

A — L'ÉMISSION DES ACTIONS est réglementée au point de vue :

a) *De son chiffre minimum*. Le chiffre minimum d'une

action est normalement de 100 francs; il peut être exceptionnellement de 25 francs quand le capital originaire de la Société ne dépasse pas 200,000 francs.

b) De la forme du titre. Une action n'est pas indifféremment émise dans la forme nominative ou dans la forme au porteur. A sa naissance, elle est forcément nominative ; elle ne peut adopter la forme au porteur, à certaines conditions, que plus tard et en vertu d'une transformation.

· B — LA CIRCULATION DES ACTIONS est aussi l'objet de restrictions ; leur négociabilité par les modes commerciaux n'est permise qu'à partir de la constitution définitive de la Société. Cette règle, qui était générale en vertu de la loi de 1867, continue à être vraie pour les actions de capital, mais a été renforcée en 1893 pour les actions d'apport ; la négociabilité de ces dernières n'est plus possible que deux ans après la constitution définitive de la Société.

« Le législateur a estimé que ces règles relatives à l'émission et à la circulation des actions n'entraveraient point la formation des Sociétés sérieuses, mais qu'elles gêneraient fort à propos la spéculation et l'agiotage dont leurs titres sont trop souvent l'objet.

« Ces mesures, jugées protectrices par le législateur, sont-elles applicables aux parts de fondateur ? Non, aux yeux de la jurisprudence qui ne voit pas en elle des actions. Dès lors les parts de fondateur peuvent être émises à un taux assez peu élevé pour être à la portée de toutes les bourses et revêtir dès leur naissance la forme au porteur. Elles peuvent en outre être négociées d'après les modes commerciaux, même avant la constitution définitive de la Société. C'est tout au plus (car il y a doute sur ce point, mais les fondateurs prudents se soumettront toujours à cette formalité) si les parts de fondateur seront soumises au contrôle des assemblées générales constitutives à titre d'avantages réservés à des associés (art. 4, de la loi de 1867).

« En dehors de cette insuffisante formalité, pas de règle
d'émission ni de circulation ; leur fonctionnement est libre.
Comprenez-vous maintenant pourquoi elles se prêtent remar-
quablement à la spéculation et à l'agiotage que la loi cherche
à éviter pour les actions ? Vous expliquez-vous comment, en
l'absence de toute réglementation légale, elles ont pu prendre une extension démesurée ? Délivrées des entraves légales
qui gênent les actions, elles jouissent d'une merveilleuse
souplesse et sont aptes aux combinaisons les plus variées.
Vous faire connaître ces combinaisons sera du même coup
vous présenter l'évolution économique des parts de fondateur dans les dernières années de ce siècle.

2. — ÉVOLUTION DES PARTS DE FONDATEUR.

« Vous connaissez le but primitif : rétribuer les services
des fondateurs. Le rôle de la part de fondateur au début est
absolument distinct de celui de l'action. L'action de numé-
raire ou de capital est distribuée contre un versement en
argent ; l'action d'apport correspond à tout apport en nature autre que de l'argent, tel qu'un apport de fonds de
commerce ou d'usine... Les actions rémunèrent des mises
constitutives de l'actif social, tandis que les parts de fondateur paient d'autres services.

« Le domaine des parts de fondateur ne devait pas tarder
à s'élargir en empiétant sur celui des actions d'apport.

« Il n'est pas toujours facile de fixer à un chiffre exact la
valeur de certains apports qui ne consistent pas en argent.
Si on veut les rétribuer par des actions d'apport, il faut
nécessairement en chiffrer la valeur, tandis qu'on échappe
à cette difficulté en les rétribuant au moyen de parts de
fondateur, puisque ces parts donnent des droits, non point
sur le capital social, mais seulement sur les bénéfices
sociaux. Ce procédé a d'abord été appliqué à rémunérer

plutôt des apports incorporels : un nom, une marque de
fabrique, un brevet d'invention ; bientôt après, il a payé des
mises corporelles. Il en a été ainsi lors de la création des
60,000 parts du nouveau Comptoir d'Escompte. Quelle était
la valeur exacte de l'ancien Comptoir d'Escompte et comment la représenter équitablement en actions d'apport ? On
était fort en peine : tout le monde fut mis d'accord par la
combinaison des parts de fondateur auxquelles furent attri-
bués 30 % sur les bénéfices nets, déduction faite de la
réserve légale et des intérêts payés au capital versé. Jusqu'ici l'évolution est parfaitement loyale : les parts de fondateur se développent à cause de leurs avantages économi-
ques pour rétribuer d'abord les services des fondateurs et
ensuite certains apports en nature autres que de l'argent.

« Cette première période est la période de régularité : elle
fut brillamment inaugurée par la Compagnie de Suez. M. de
Lesseps avait réuni autour de lui, pour étudier l'affaire, un
groupe de personnes qui avaient dépensé leur temps et leur
argent en faveur de l'entreprise, qui avaient acquis le maté-
riel de première exploitation et commencé les travaux.
Quand il fut nécessaire de s'adresser au public pour réunir
des capitaux plus considérables, M. de Lesseps réserva, par
l'article 63 des Statuts, au profit de ses collaborateurs de la
première heure, 10 % sur les bénéfices sociaux. Ainsi furent
créées les cent parts de fondateur du canal de Suez. Elles
vaudraient aujourd'hui chacune un million trois cent trente-
trois mille francs; mais elles sont actuellement divisées,
en vertu d'une décision du Conseil d'administration du
6 juillet 1880, en 100,000 parts dont le cours moyen, à la
Bourse d'avant-hier, a été de 1,333 francs.

« Cet essai avait trop bien réussi pour n'être pas renouvelé :
des parts de fondateur furent créées par la Compagnie de
Panama. Malheureusement, elles furent distribuées, non seulement pour payer des travaux vraiment utiles à la Société,

mais aussi pour lui assurer des concours sur la nature desquels vous me permettrez de ne pas insister. C'était un premier danger.

« Un deuxième, plus grave encore, naquit des abus d'une
spéculation effrénée. Au premier aspect, on aurait pu croire
que les parts de fondateur seraient rebelles à l'agiotage,
notamment à cause de leur valeur d'émission élevée :
5,000 francs. L'habileté des financiers triompha de tous les
obstacles : pour attirer la petite épargne, on divisa chaque
part de fondateur en fractions de très petite valeur, repré-
sentées chacune par un titre, et les bas de laine se vidèrent.

« On sait comment se liquida la situation : les parts du
Panama, de leur chiffre d'émission 5,000 francs, furent por-
tées, par des manœuvres de bourse, à 30,000 francs; le
dixième de part monta de 500 à 3,000 francs : puis tout
retomba à zéro.

« Après un succès si prodigieux, cette chute profonde,
malgré les ruines qu'elle amoncela, n'arrêta pas la marche
ascendante des parts de fondateur, qui résistèrent au choc
des nombreuses critiques trop fondées dont elles furent
l'objet. Depuis le triomphe de Suez, elles étaient à la mode :
le mot sonnait bien aux oreilles. Le goût marqué du public
pour cette nouveauté financière ne pouvait manquer d'être
mis à profit, et les combinaisons se multiplièrent.

« Il en est que je passe sous silence pour vous épargner
des explications techniques, par exemple celle qui consiste
à donner une part de fondateur à tout souscripteur d'un
nombre d'actions déterminé; — ou encore celle qui, en cas
d'émission d'actions nouvelles, réserve des parts de fondateur au profit des anciennes actions. J'ai hâte d'arriver aux
combinaisons qui caractérisent la dernière période, celle où
les parts de fondateur servent couramment à tourner les
règles légales relatives à l'émission et à la circulation des
actions.

« *Premier exemple. Emission.* — Le taux minimum de l'action est normalement de 100 francs et exceptionnellement de 25 francs, mais il était de 500 francs ou de 100 francs avant la réforme de 1893. Ce chiffre minimum parut surtout gênant il y a une dizaine d'années, vers 1889. Les journaux financiers menaient grand tapage autour de mines d'or qu'ils disaient d'une richesse fabuleuse. Elles étaient situées dans un pays d'Afrique dont l'Angleterre s'occupait beaucoup alors et dont elle n'a pas d'ailleurs cessé de s'occuper depuis. C'était comme une fureur de spéculation sur les actions des Mines du Transvaal. Comment pousser dans le courant la petite épargne française ?

« Les parts de fondateur jouèrent le rôle de Providence pour les spéculateurs : ce ne sont pas des actions, elles ne sont pas soumises au taux minimum de 100 ou 25 francs et ne l'étaient pas davantage à l'ancien taux de 500 ou de 100 francs. On émit des parts de fondateur à des chiffres infimes et, au lieu d'être l'accessoire, elles devinrent le principal : elles représentèrent les neuf dixièmes de l'actif social, tandis que le dernier dixième fut le lot des actions. Je n'entre pas dans les détails; il me suffit de vous faire comprendre comment, au mépris de la loi, on atteint la petite épargne par ces titres de minime valeur que le public achète un peu comme des billets de loterie. Il en est ainsi d'autant mieux que les parts de fondateur échappent à la règle de la forme nominative, qui est un frein pour la spéculation, et qu'elles peuvent constituer dès leur naissance des titres au porteur.

« *Deuxième exemple. Circulation.* — Cette déviation du but primitif s'est accentuée depuis la loi de 1893. Les actions d'apport ne sont plus négociables que deux ans après la constitution de la Société. A tort ou à raison, la loi veut éviter la spéculation sur les actions d'apport et lier l'intérêt des titulaires de ces actions à la prospérité de la Société, en les empêchant de se débarrasser promptement de leurs titres. Réforme fâcheuse pour l'agiotage ! Comment en paralyser les effets ? Pas directement ; nos spéculateurs ne se lancent pas, en téméraires, à un assaut de face contre les forces de la loi ; avec la prudente habileté de stratégistes consommés, ils préfèrent passer à côté. Puisqu'on réglemente les actions d'apport au point de vue de la circulation, ils les suppriment et les remplacent au moyen de parts de fondateur, non plus seulement quand l'évaluation de l'apport est difficile, mais aussi dans le but avoué d'échapper à ce qu'un de mes collègues de la Faculté de droit de Lille, M. Percerou, appelle avec humour « les entraves impertinentes » de la loi.

« Vous voyez comment, dans la période la plus récente, les parts de fondateur servent à tous les usages, parce qu'on a découvert en elles : 1° des titres susceptibles d'être émis à n'importe quel taux, et dans la forme au porteur dès leur naissance ; 2° des titres immédiatement négociables, même avant la constitution définitive de la Société.

« A quoi bon, dès lors, réglementer les actions dans leur émission et leur circulation, si les mêmes règles ne s'appliquent pas aux parts de fondateur, et comment qualifier un système aussi dépourvu de logique et d'harmonie ? Que penseriez-vous d'une forteresse dont l'accès serait défendu contre des attaques tentées par la grande porte à laquelle conduit la route habituellement suivie, tandis qu'elle resterait ouverte du côté opposé aux entreprises de l'assaillant qui aurait le bon esprit de se présenter par un chemin détourné ? C'est un peu l'image de notre réglementation des Sociétés par actions. Pour arriver jusqu'aux capitaux, il est une voie normale, seule connue jadis, par laquelle passe l'action : c'est la voie sur laquelle s'échelonnent des moyens de protection insuffisants peut-être, mais qu'il convient de conserver en les améliorant. Pour atteindre les mêmes capitaux, il est un sentier

plus nouveau, discrètement exploré aux premiers temps de
sa découverte, mais depuis sillonné dans tous les sens et au
grand jour : c'est le sentier par lequel se glisse librement la
part de fondateur. Ici plus de défense, plus de protection
d'aucune sorte : c'est ce qu'on pourrait appeler, dans un sens
qui n'a rien de diplomatique, et bien qu'il ne soit pas question
des affaires de Chine, le système de la porte ouverte.

« Et quand une porte est si imprudemment ouverte, tout
y passe. Après les parts de fondateur sont venues les parts
sans qualificatif. Je vous montrais, il y a un instant, comment, pour éviter le taux minimum de l'action, on a imaginé
des Sociétés où l'action est l'accessoire, tandis que la part
de fondateur devient le principal. Pourquoi s'arrêter en si
beau chemin ? Voici maintenant des Sociétés qui n'hésitent
pas à faire appel au public, bien que, dans leur combinaison, l'action n'existe plus et que les parts soient tout.
Que sont ces parts et quelle est la nature de ces Sociétés ?
C'est ce qu'on ne sait point par avance ; il faudrait consulter
les statuts et on y ferait de singulières découvertes. On ne
se contente plus de rattacher ces parts à des espèces de
Sociétés par actions sans actions ; on a imaginé de les
émettre au nom de prétendues Sociétés en participation, et
on les écoule dans le public, à grand renfort de réclame,
sans aucune des garanties légales.

« Une Société en participation est si commode. Elle naît
sans écrit, sans publicité ; elle ne constitue pas une personne
morale ; en un mot, elle échappe aux règles habituelles des
Sociétés de commerce. Pourquoi ce régime spécial et quel
est le signe distinctif, le caractère essentiel de la participation ?

« On n'est pas bien d'accord sur ce point qui a donné lieu
à deux opinions. On disait autrefois : la participation est
une Société transitoire et momentanée ; elle est provisoire-
ment formée en vue d'une ou plusieurs opérations de com-

merce et destinée à disparaître aussitôt après leur achève-
ment. On dit plus communément aujourd'hui : la participation est une Société occulte et secrète; son signe distinctif
est d'être inconnue du public et de ne pas exister au regard
des tiers. Mais personne, depuis près de cent ans et même
avant la rédaction de notre Code de commerce, n'avait songé
à autre chose, et il fallait opter nécessairement pour l'un ou
l'autre critérium : ou Société transitoire ou Société secrète.

« Eh bien ! on nous a changé tout cela depuis les derniers printemps; il est intervenu des formules nouvelles qui
mettent d'accord les anciens adversaires en leur signifiant
tout net qu'ils n'y ont jamais rien compris et que le caractère
distinctif de la participation n'est pas plus d'être une Société
transitoire qu'une Société secrète. Désormais, la participation prolonge d'une manière indéfinie le cours de son existence, et c'est une Société qui n'a rien de caché puisqu'elle
s'affiche par des appels au public. Pourquoi donc diffère-
t-elle des autres Sociétés commerciales et quel sera dans
l'avenir son caractère essentiel ?

« Il n'y en aura plus; ou plutôt ces participations « nouveau jeu » ont pour caractère essentiel, aux yeux de ceux
qui dirigent contre l'épargne publique de si audacieuses tentatives, de n'être soumises à aucune des règles applicables
aux Sociétés par actions. Ne constituent-elles pas la Société
modèle, puisqu'elles vivent à la fois de *mystère et de publicité?* Elles révèlent leur existence à tous par une profusion
de prospectus ou de placards, mais ne font connaître ni le
chiffre du capital social, ni le nombre des parts émises.
Envoyez votre argent et ne vous inquiétez pas du reste. La
Société, en vue d'éviter l'intermédiaire onéreux des ban-
ques, déclare accepter les fonds directement adressés à son
siège social. Vous recevrez en retour une part; mais n'ayez
pas la curiosité de savoir à quoi elle correspond.

« De telles Sociétés en participation sont nulles assuré-

ment; mais en attendant elles vendent des parts, c'est-à
dire des titres sans aucune des garanties légales, des titres
à 10 francs, à 5 francs et même moins, qui se placent un
peu comme des billets de loterie, et c'est précisément ce que
ne veut pas le légistateur.

« En voilà des abus ! Ne vous paraissent-ils pas criants,
commerçants de Toulouse, que j'ai appris à connaître par
l'appréciation autorisée de votre président? Il y a un peu
plus d'un an, dans une réunion tenue ici-même en vue
d'inaugurer l'Ecole pratique de droit et où nous eûmes la
bonne fortune d'entendre exprimer dans le plus ferme langage des idées fortes et d'avant-garde, votre président disait :
« Il peut y avoir un commerce plus hardi et plus prospère;
il n'en existe pas de plus honnête que celui de Toulouse. »
Voilà ses paroles, empreintes de la meilleure des éloquen-
ces, celle de la vérité.

« C'est à raison de cette qualité primordiale qui caractérise si honorablement le commerce toulousain que vous
devez appeler comme moi, et de tous vos vœux, l'améliora-
tion de notre régime des Sociétés. Il y a lieu de procéder à
une revision générale en exhumant des archives où il som-
meille le projet sénatorial de 1884, avec l'espoir qu'il aura
puisé durant ce repos prolongé des forces nouvelles.

« Une loi n'est jamais bonne du premier coup; il lui faut,
pour ainsi dire, des éditions successives en vue de la faire
profiter des leçons de la pratique et de l'expérience, et les
refontes ne doivent pas être trop rares quand il s'agit de
régler les rapports mobiles et changeants du commerce. La
dernière retouche à la loi anglaise des Sociétés ne remonte
qu'au 2 août 1898, et dans le message royal de 1900, malgré tant de préoccupations poignantes dont l'Angleterre
aurait été excusable de ne pas distraire ses pensées, sont
proposées encore des modifications au régime des Sociétés.

« La France a été la première, par son Code de com-

merce, à dégager dans ses principes rudimentaires la théorie propre aux Sociétés par actions. Il reste en elle assez de
vitalité pour n'être distancée par personne. N'oublions pas
qu'un pays ne peut pas être grand seulement par certains
côtés. Au début du siècle, l'influence française a été pré-
pondérante par la valeur de nos armes et de nos Codes,
double garantie qui n'a rien perdu de son prix. Il faut donc
n'épargner aucun effort pour maintenir nos lois à la hau-
teur de tous les besoins et de tous les progrès ; ce n'est pas
seulement un gage de prospérité intérieure, c'est aussi l'in-
dispensable assise d'une forte expansion du commerce et de
l'industrie au delà des frontières.

Toulouse, Imp. DOULADOURE-PRIVAT, rue St-Rome, 39. — 9160